# ÉLÈVE TES Vibrations

## CARTES ÉNERGÉTIQUES

DU MÊME AUTEUR

**Livres**
*Accueillir les anges*, 2023.
*Élevez votre vibration*, 2021.
*Les Anges et les Nombres*, 2021.
*Les Ailes du pardon*, 2017.
*Prières aux anges*, 2014.

**Coffrets**
*Le Portail de lumière*, 2023.
*Oracle des guides angéliques*, 2023.
*Oracle des esprits protecteurs*, 2021.
*Les Gardiens de la lumière*, 2020.

Titre original : *Raise Your vibrations*.
Publié pour la première fois en anglais par Hay House Inc.


Graphismes et illustrations : © Ari Wisner.
Illustration de la couverture : © Ari Wisner.

ISBN : 978-2-36188-800-8

Traduit de l'anglais par Véronique Dumont.



Imprimé en Chine.

www.editions-tredaniel.com
info@guytredaniel.fr
www.facebook.com/tredanieleso
@tredaniel_eso

KYLE GRAY

ILLUSTRÉ PAR ARI WISNER

# ÉLÈVE TES Vibrations

## CARTES ÉNERGÉTIQUES

ÉDITIONS
EXERGUE
27, rue des Grands-Augustins
75006 Paris

# SOMMAIRE

# LISTE DES CARTES DE A À Z

# INTRODUCTION

Bienvenue dans l'oracle *Élève tes vibrations* et félicitations ! Que vous en ayez ou non conscience, vous avez fait le choix d'accroître l'énergie positive pour vous-même, mais aussi pour ceux qui vous entourent, et finalement le monde.

Cet oracle est un outil spirituel destiné à vous aider à stimuler votre énergie, à élever vos « vibrations » et à améliorer votre vie. Chaque carte contient un message simple mais puissant destiné à inspirer des choix positifs et à offrir une opportunité de réflexion pour discerner les modifications internes réalisées au cours de votre voyage.

Augmenter votre puissance vibratoire revient à faire un choix conscient. Comprendre que chacune de vos décisions, actions et non-actions, chacun de vos sentiments affecte l'ensemble de votre vie et que votre quotidien influe à terme sur le déroulement de votre destinée, soit en vous rapprochant de votre objectif, soit en vous en éloignant.

Sur le plan spirituel, chaque carte fonctionne à la manière d'un miroir, révélant des informations déjà existantes dans votre conscience. Les cartes que vous choisissez et leurs messages sont le reflet de la sagesse innée vibrant dans les tréfonds de votre cœur et de votre esprit.

Chacune est une invitation à trouver l'inspiration en vous-même afin de vous élever et finalement d'incarner la lumière que vous êtes pour la diffuser ! En travaillant avec cet oracle, vous autorisez vos sens intuitifs à se développer et renforcez votre lien avec l'Univers qui vous entoure et se trouve en vous ; vous commencez à vivre – et aimer – cette vie que vous êtes venu vivre.

# LES CARTES

Cet oracle constitue un pont entre la conscience universelle et vous-même. Lorsque vous l'utilisez, vous vous sentez énergétiquement attiré par les cartes les plus conformes à votre situation actuelle, détentrices d'informations qui vous sont essentielles. Plus vous apprenez à les connaître, plus votre lien se renforce et plus vous avez le sentiment d'être connecté à un ami de toujours. Plus ce lien s'approfondit, plus les messages deviennent clairs et précis. Parce que vous faites confiance aux informations que vous communique cet oracle et, plus important encore, à vos sens intuitifs. Comme pour toutes choses, plus vous consacrerez de temps et d'énergie à vos lectures, plus elles s'avéreront pertinentes.

Cet oracle se compose de 48 cartes inspirées par notre système d'énergie spirituelle. Elles n'ont aucun ordre d'importance. Chacune vous offre l'opportunité de vous connecter à la conscience divine et à l'intelligence infinie qui vibre en chacun de nous. Laissez leurs messages vous apporter confirmation, affirmation et inspiration lors de votre travail introspectif.

## Élever son taux vibratoire

Tout dans l'Univers est constitué d'énergie – y compris vous-même. L'énergie n'est jamais statique ; elle est toujours mobile, fluctuante et changeante. En tant qu'être humain, nous en faisons l'expérience au travers des environnements, des émotions et des événements de notre vie. Nous pouvons dire de certaines personnes et certains lieux qu'ils sont dotés d'une « bonne énergie » ou de « surprenantes vibrations ». D'un point de vue intuitif, nous sommes constamment connectés à la vibration subtile du monde qui nous entoure.

Les vibrations hautes sont ces sentiments qui font naître un sourire sur nos lèvres et nous insufflent une sensation de chaleur intérieure, qui nous emportent lorsque nous vivons des moments de bonheur ou de gratitude intenses, lorsque nous avons dansé, pratiqué une activité physique, que notre taux d'endorphines est élevé ou que nous sommes en bonne compagnie. Ces vibrations nous aident à nous sentir inspirés et nous encouragent à donner davantage de sens à nos vies.

Les vibrations basses sont ce que nous éprouvons lorsque la mélancolie nous étreint, que nous sommes pris d'un sentiment d'épuisement ou avons la sensation d'être submergés et faibles. Elles ont souvent pour origine des événements, des personnes ou des lieux difficiles. Mais quelle que soit cette origine, elles induisent toutes un état dépressif, un manque de motivation, d'objectif et d'entrain.

Comme je l'ai mentionné, l'énergie n'est jamais statique et ces vibrations peuvent osciller des plus hautes aux plus basses à plusieurs reprises au fil d'une même journée. Augmenter son taux vibratoire consiste à se frayer un chemin entre les plus faibles et les plus élevées. Lorsque vous faites ce choix, vous posez l'intention de diffuser une « énergie positive » dans le monde qui vous entoure. Peut-être n'en êtes-vous pas conscient et cherchez-vous simplement à vous sentir plus à l'aise ou à influencer positivement votre entourage, mais vous avez à tout instant la possibilité de choisir comment agir, réagir et interagir avec vous-même et votre environnement – chacun de ces choix affectant subtilement vos vibrations et votre impact sur le monde.

Cet oracle est un outil destiné à vous soutenir lors de votre voyage en conservant les vibrations les plus élevées et en ayant recours au système énergétique spirituel pour vous guider.

## Le système énergétique spirituel

Augmenter ses énergies vibratoires signifie qu'une fréquence plus élevée se déplace dans l'anatomie spirituelle. Quel est ce système ?

Selon les enseignements spirituels, tantriques et yogiques, il existe un canal d'énergie central connu dans les traditions yogiques sous le nom de « canal Sushumna » qui part de la base de la colonne vertébrale et rejoint le sommet du crâne. Les énergies masculine/solaire et féminine/lunaire remontent ce canal, croisant six fois la colonne vertébrale au niveau d'une glande ou d'un organe majeur, créant alors un vortex d'énergie ou « chakra », un mot sanskrit qui signifie « roue tournante ».

Dans les enseignements yogiques traditionnels, il existe sept chakras majeurs gouvernant chacun une zone spécifique de l'âme, du corps et de l'esprit.

## *Les chakras traditionnels*

- **Le chakra racine :** de couleur rouge, situé à la base de la colonne vertébrale, il constitue notre épine dorsale psychique et symbolise notre connexion à la Terre, notre sentiment de sécurité et notre capacité à prospérer.
- **Le chakra sacré :** de couleur orange, ce centre énergétique se trouve juste au-dessous du nombril ; il régit notre sexualité, représente nos capacités sensuelles, créatives et est la source de notre bien-être.
- **Le chakra du plexus solaire :** de couleur jaune, localisé entre le plexus solaire et le nombril, il gouverne notre volonté et tout ce qui est lié au discernement et à l'intuition.
- **Le chakra du cœur :** de couleur verte, situé au centre du sternum, il gouverne toutes les énergies du cœur – l'amour, l'être aimé, la générosité, l'ouverture et le pardon.

- **Le chakra de la gorge :** de couleur bleue, au point de jonction entre les clavicules, il représente notre capacité à parler et à être entendu, ainsi que le poids psychique qui pèse sur nos épaules.
- **Le chakra du troisième œil :** de couleur indigo, entre les sourcils, il régit notre perception, notre capacité à « voir clairement » et ouvre la porte de l'esprit.
- **Le chakra couronne :** de couleur violette, il se situe au sommet du crâne, symbolise notre lien avec la sagesse et nous permet, lorsqu'il s'ouvre, de vivre une expérience directe avec le divin.

Ces espaces énergétiques peuvent être hyperactifs ou s'épuiser lorsque nous sommes confrontés à des difficultés, des peurs ou des traumatismes. Il est toutefois possible de les réaligner et de les reconstituer par un travail énergétique ; certains choix dans la pratique de soins personnels et des interactions peuvent également faciliter leur restauration.

## *La kundalini*

Cette force vitale primale dormante, connue sous le nom de kundalini (mot sanskrit qui se traduit par « enroulé »), est une énergie spirituelle lovée en spirale à la base de la colonne vertébrale. Lorsque nous élevons nos fréquences vibratoires, elle se déroule et remonte à travers les chakras jusqu'au troisième œil ; le chakra couronne s'ouvre ensuite, libérant la voie vers un niveau de conscience supérieur.

## *Les chakras supérieurs*

Quand l'énergie kundalini atteint le chakra couronne, nous pouvons accéder aux énergies des chakras supérieurs qui sont des passerelles vers des dimensions plus élevées susceptibles de nous aider à appréhender notre incarnation et à vivre notre objectif.

- **L'étoile de l'âme :** de couleur magenta, située entre 20 et 30 cm au-dessus de la tête, cette étoile ou huitième chakra nous ouvre les portes du voyage karmique de notre âme. La conscientiser nous offre les soutiens angéliques et spirituels susceptibles de mener à l'épanouissement et à l'incarnation de notre objectif supérieur.

- **L'étoile de la Terre :** de couleur cuivre, située à environ 30 cm sous le chakra racine, cette passerelle nous ancre à la planète. Lorsque nous nous alignons sur elle, nous revendiquons le droit d'être sur Terre, mais aussi celui de guérir notre lignée familiale et de découvrir les raisons supérieures de notre incarnation.
- **La passerelle Gaïa :** de couleur marron foncé/noir, opérant dans la cinquième dimension, elle mène à la Terre intérieure et à l'espace qui permet d'appréhender les mystères de la vie tout en nous guidant pour affronter nos croyances limitantes et nos ombres.
- **La passerelle stellaire :** semblable à un cristal, ce portail de la cinquième dimension nous relie à l'axe central de l'Univers où toute chose est créée, l'espace dans lequel nous envoyons nos intentions afin qu'elles se matérialisent.

## Travailler avec les cartes

Cet oracle est destiné à vous aider à élever vos vibrations. Vous possédez déjà en vous tout ce dont vous avez besoin pour diffuser les plus hautes vibrations ; il est donc plutôt un écho ou un miroir de cette guidance dont vous pouvez disposer à tout instant.

Les conseils et le soutien nous sont souvent dissimulés, car le divin honore notre libre arbitre. Cela signifie qu'il ne peut apparaître à moins d'avoir été appelé. En travaillant avec un oracle, vous autorisez que la guidance divine soit mise à votre disposition. Vous ouvrez les canaux afin que l'Univers vous rappelle combien vous êtes merveilleux et vous communique les messages qui soutiennent votre croissance et votre objectif.

Sachez que chacune de vos pensées, décisions, actions ou non-actions affecte vos vibrations et attire les énergies qui permettent le bon déroulement du voyage de votre vie, même si vous n'en avez pas conscience. Cette loi de l'attraction vibrationnelle fonctionne également au travers de votre énergie. La base de cet enseignement est que les semblables s'attirent. Ainsi, les cartes que vous choisissez reflètent vos énergies intérieures et leurs messages correspondent aux vibrations du lieu où vous vous trouvez.

Chaque carte peut confirmer une information que vous connaissez déjà ou dont la sensation vous est familière sans que vous puissiez réellement l'expliquer, parce qu'elle vous révèle les énergies subtiles vibrant au cœur même de votre être.

## *Aborder la lecture avec intégrité*

Parce que les oracles vous aident à communiquer avec l'Univers, vous devez aborder votre lecture avec la plus parfaite honnêteté. Cela signifie que lorsque vous choisissez une carte qui ne vous transmet pas ce que vous souhaitez entendre, vous devez reconnaître que son message est celui dont vous avez besoin. La différence est majeure.

Même si vous ne le ressentez pas toujours, l'Univers travaille en permanence en votre faveur. Ainsi, lorsque vous tirez les cartes pour obtenir des conseils ou les partager, renoncez à vos desseins et ouvrez-vous afin de recevoir ce qui vous est destiné. Faites confiance au message qui surgit, même si vous n'en saisissez pas immédiatement le sens. Prenez le temps de l'intégrer.

## *Se connecter à l'oracle*

Pour réaliser une parfaite lecture à haute vibration, il importe de créer un lien avec votre oracle. Ce processus n'a rien de complexe et n'implique aucun rituel extravagant. Tenir les cartes, les garder sur votre bureau ou les emporter avec vous lorsque vous voyagez suffit à instaurer un lien puissant. Si vous leur permettez de s'harmoniser à votre énergie, vous parviendrez à saisir rapidement ce qu'elles vous communiquent et communiquent à ceux et celles avec qui vous partagez la lecture.

Vous trouverez page suivante un rituel de prière simple destiné à créer des liens énergétiques avec vos cartes.

## ÉTABLIR UN LIEN

- Définissez une intention claire afin d'accéder à une pratique spirituelle. Éliminez toutes les distractions. Mettez une musique inspirante ou allumez de l'encens ou une bougie.
- Parcourez les cartes de l'oracle une à une en scannant leurs illustrations et leurs messages.
- Mélangez-les et sentez que votre énergie les bénit. Déployez-les et placez-les sur votre cœur.
- Visualisez une lumière étincelante issue de l'Univers qui vous pénètre par le sommet de votre crâne, descend le long de votre colonne vertébrale et de vos jambes puis plonge au cœur de la Terre.
- Inspirez la lumière qui se diffuse à travers ce pilier de lumière, permettez à une énergie vibratoire élevée de se répandre dans les cartes à travers votre cœur.
- Définissez vos intentions personnelles pour l'oracle. Exprimez-les à voix haute ou en pensée, selon ce qui vous convient le mieux.

- Ensuite, dites une prière pour activer vos cartes. Celle-ci est l'une de mes favorites :

*Force vitale universelle divine,*
*Source de la Création,*

*Merci de bénir ces cartes avec ta lumière*
*infinie afin qu'elles reflètent et irradient*
*les vibrations les plus hautes.*

*Je pose l'intention claire à travers ces*
*cartes d'accéder à des informations et des*
*fréquences qui me soutiendront pour vivre*
*une vie exceptionnelle et bienheureuse.*

*J'autorise la beauté et la simplicité de leurs*
*images et de leurs messages à me révéler*
*des informations au niveau de l'âme afin d'inviter*
*mon intuition et de libérer ma vision intérieure.*

*Je suis infiniment reconnaissant*
*de ce lien transparent.*

*J'ai fixé cette intention pour le plus*
*grand bien de tout et de tous.*

*Merci, merci, merci.*

*Ainsi en est-il.*

# LES LECTURES

Lorsque vous travaillez avec cet oracle, vous créez un espace destiné à vous connecter au champ énergétique de l'Univers et à recevoir directement son soutien. Cet oracle a été conçu pour que vous puissiez réaliser facilement des lectures justes, à la fois pour vous-même et les autres. Commencez avec les meilleures intentions en sachant que vous contrôlez ce qui se passe au cours de la lecture et que les plus hautes vibrations de l'Univers vous protégeront et vous accompagneront tout au long du processus.

Lire les cartes de cet oracle est sûr et pertinent, mais également ludique !

## Élever ses vibrations

Pour une lecture ciblée et précise, il est toujours préférable d'aborder les cartes avec un esprit clair.

Si le guide universel est à tout moment à votre disposition, il peut être difficile d'établir une connexion lorsque vous ressentez une forte émotion ou êtes éprouvé. Par exemple, si vous tirez les cartes après une journée de travail délicate, si vous souffrez d'un problème de santé ou venez de vivre une rupture, vous peinerez probablement à obtenir des informations claires. J'ai découvert qu'il était préférable dans ce type de situations de commencer par prendre un bain ou une douche, ou d'aller se ressourcer dans la nature afin d'effacer toute vibration faible ou énergie résiduelle susceptible de perturber la connexion.

Je vous recommande également de pratiquer au préalable une courte méditation au cours de laquelle vous définissez votre intention ou vous visualisez auréolé d'une lumière d'or. Ce moment permet de réfléchir à certaines bénédictions de la vie, car la gratitude est l'une des vibrations les plus hautes disponibles.

## Mélanger et purifier les cartes

Mélanger parfaitement les cartes purifie l'énergie et permet une lecture pertinente.

Pendant que vous battez les cartes, définissez une intention vierge de toute autre influence afin d'obtenir une lecture précise.

Si vous venez de réaliser une lecture pour une autre personne ou que vous avez laissé quelqu'un d'autre utiliser vos cartes, prononcez simultanément cette phrase ou une phrase similaire : « Merci Source de lumière d'avoir nettoyé cet oracle de toutes les énergies inutiles. »

Si vous estimez avoir besoin d'un outil pour purifier vos cartes, les tenir au-dessus de volutes d'encens peut vous aider à visualiser le flux de lumière qui les nettoie.

Une fois que vous avez mélangé et purifié votre oracle, vous pouvez commencer la lecture.

## Effectuer une lecture pour soi-même

Pour vous familiariser avec vos cartes, il est utile de procéder à une lecture quotidienne. Les cartes d'oracle sont un merveilleux outil de découverte de soi et peuvent confirmer des informations qui sont déjà en vous. Le processus est simple :

- Mélangez les cartes.
- Dans votre esprit ou à voix haute (selon ce qui vous convient le mieux), prononcez cette phrase ou une phrase similaire : « Je remercie l'Univers de me révéler ce que j'ai besoin de savoir. Je suis disposé à écouter. »
- Choisissez vos cartes et placez-les, face cachée, l'une au-dessus de l'autre. Ainsi, lorsque vous prenez le paquet et le retournez, la première qui vous apparaît est la première de la lecture (ou du tirage, si vous en choisissez plus d'une).

## Effectuer une lecture pour autrui

Les étapes d'une lecture réalisée pour autrui sont quasiment identiques :

- Mélangez les cartes (en tant que lecteur, il est préférable de le faire pour le consultant).
- Demandez-lui de poser ses mains sur les cartes et de prononcer cette phrase ou une phrase similaire : « Je remercie l'Univers de m'avoir

révélé ce que j'avais besoin de savoir. Je suis disposé à écouter. »

- Dites ensuite : « Je remercie l'Univers de m'avoir aidé à partager clairement des informations avec [le nom de la personne], pour son plus grand bien et le plus grand bien de tous. Ainsi en est-il. »
- Invitez le consultant à choisir ses cartes et à les placer face cachée, l'une sur l'autre.

## Force et défi

Lorsque je travaille avec un oracle, je m'efforce toujours de respecter une règle de base. J'ai remarqué au fil de mes nombreuses années de canalisation spirituelle que la guidance divine se concentre tout d'abord sur les aspects positifs pour s'achever sur les plus complexes. Elle révèle ainsi à notre conscience nos forces et nos dons afin de nous aider à travailler avec eux pour surmonter les défis auxquels nous sommes confrontés.

La première carte de chaque lecture porte l'énergie d'une force ou d'un don qui vous appartient et la dernière (quel que soit le nombre de cartes utilisées lors du tirage) représente un défi que vous êtes encouragé à relever ou à résoudre à l'aide de cette force ou de ce don.

## Les cartes volontaires

Les cartes volontaires, telles qu'on a coutume de les nommer, sont ces cartes qui s'échappent du paquet pendant que vous le mélangez et tombent sur la table ou par terre. Si vous laissez tomber accidentellement le paquet tout entier ou une partie (ne vous inquiétez pas, cela arrive), ces cartes ne sont alors pas considérées comme « volontaires ».

Une ou deux cartes volontaires communiquent des messages. Au-delà de trois, il suffit de les remettre dans le paquet et de les mélanger de nouveau. Si vous réalisez une lecture pour une autre personne, leurs messages lui sont destinés.

Ce sont des cartes « supplémentaires » qui ne doivent pas être utilisées dans un tirage, mais pour obtenir des conseils additionnels.

## Les cartes inversées

De temps à autre, vous constaterez en retournant une carte qu'elle apparaît à l'envers ou « inversée ».

Il importe d'en prendre note, car cette carte déclare : « Regardez-moi et prêtez une attention particulière à mes conseils. »

Pour ma part, je pense que les cartes inversées attirent notre attention parce qu'elles nous offrent un aperçu supplémentaire. Comme si elles changeaient de sens pour nous inviter à modifier notre point de vue.

Considérez-les comme des messages révélateurs qu'il importe de considérer avec attention avant de poursuivre la lecture.

Cet oracle s'alignant sur l'anatomie spirituelle, l'apparition récurrente de certaines cartes « inversées » peut signifier que l'énergie à laquelle elles sont connectées (la kundalini ou un chakra spécifique) a besoin que vous lui consacriez plus de temps et d'attention. Réfléchissez à cette énergie au cas où un blocage inconscient ou une croyance limitante existerait dans ce domaine de votre vie.

## La fréquence des lectures

Pour obtenir des conseils et des affirmations, je recommande de procéder à des tirages quotidiens. Le matin s'avère un excellent moment pour les réaliser, avant de commencer la journée afin d'avoir un aperçu de son champ énergétique ou de ce qui est à venir.

Une alternative consiste à tirer une carte après le dîner ou avant de se coucher afin de solliciter une orientation sur les événements du jour.

Une fois par semaine, vous pouvez vous accorder une lecture plus longue en tant que soin personnel et pour renforcer votre connexion spirituelle.

Je recommande également de réaliser une lecture chaque fois que vous ressentez un élan dans votre pratique spirituelle, que vous avez fait une rencontre spirituelle ou vécu une expérience inexpliquée. Prendre le temps de recourir aux cartes peut apporter la clarté recherchée.

## Les questions

Poser des questions lors d'une lecture peut être délicat, car nous attendons tous une réponse spécifique et il arrive que nous doutions de l'exactitude de la lecture si nous ne l'obtenons pas. Pour cette raison, il importe de considérer ce qui suit avant d'interroger les cartes :

- Demandez-vous ce que vous avez besoin de savoir ou ce que vous voulez savoir. Demander ce que vous avez besoin de connaître permet une connexion limpide.
- Connaissez-vous déjà la réponse? Si c'est le cas, y a-t-il une raison pour que vous ne fassiez pas confiance à vos connaissances? Ou espérez-vous que l'oracle vous apportera une réponse différente? Dans ce cas, plutôt que d'appeler une réponse déjà connue de vous-même, pourquoi ne pas demander des conseils sur le chemin à suivre?
- Plutôt que de poser une question impliquant un « oui » ou un « non », puisque ce n'est pas le but, pourquoi ne pas demander des informations sur une situation particulière ou ce que vous pourriez faire afin de l'améliorer?

## Les quatre piliers (essentiels!)

Chaque fois que vous réalisez un travail spirituel, alignez vos énergies sur ces quatre piliers:

- **L'authenticité :** soyez toujours prêt à maintenir l'harmonie avec les énergies de la vérité et de l'intégrité. L'authenticité permet un alignement direct avec l'Univers.
- **La dévotion :** toute pratique spirituelle constitue une opportunité pour honorer la Source de la création, les merveilles, la lumière et les miracles existants. La dévotion permet d'accéder à l'amour inconditionnel de l'Univers.
- **L'amour :** incarnez l'amour constamment et systématiquement. L'amour est votre moi véritable. Laissez-le vous guider.
- **Le soutien :** le véritable soutien passe par le service désintéressé. Celui-ci honore autrui et peut se matérialiser sous n'importe quelle forme alignée sur votre vérité. Lorsque vous servez l'Univers, vous recevez au centuple en retour.

À la fin de chaque oracle, il est essentiel de prendre le temps de rendre grâce. Vous venez d'accéder à une guidance divine et il importe de ne jamais considérer ce don comme acquis.

Vous avez à présent connaissance de tous les éléments nécessaires pour procéder aux tirages.

## Suggestions de tirages

### *Tirage à une carte*

Choisir une seule carte au début de votre journée ou pour décompresser le soir est le meilleur moyen de vous connecter à la guidance spirituelle et aux paroles d'affirmation. N'oubliez pas que la carte représente une force – un aspect positif et bienveillant de votre être, un cadeau qui est en vous, sur lequel vous pouvez compter dans les moments difficiles.

### *Tirage à deux cartes*

Ce tirage est parfaitement adapté pour un aperçu rapide. Vous pouvez l'utiliser pour vous concentrer sur une question particulière ou obtenir une appréciation de votre situation.

1. La première carte représente les énergies actuelles sur lesquelles vous vous interrogez ou votre situation en cet instant donné.
2. La deuxième représente ce que vous avez besoin de savoir ou de faire. Agissez en conséquence.

### *Tirage de la force, du cœur et des défis*

Ce tirage est mon préféré pour un aperçu efficace. Il vous révèle ce que vous devez savoir à un moment précis et est particulièrement pertinent pour répondre à des questions ciblées.

1. La première carte représente les forces dont vous disposez actuellement dans votre vie.
2. La deuxième symbolise les énergies de votre cœur, notamment tout message ou information qu'il vous appelle à reconnaître.

3. La troisième désigne l'énergie liée aux défis qui jalonnent votre vie, sur lesquels vous devez vous concentrer pour guérir ou que vous devez surmonter pour vivre votre destinée.

J'adore réaliser ce tirage une fois par semaine afin de gagner en clarté et en connaissance, mais aussi chaque fois que j'ai une question concernant une situation particulière.

## *Savourer l'expérience*

Si vous connecter aux conseils divins à travers un oracle réclame un effort spirituel, il importe aussi que vous savouriez l'expérience et l'abordiez le cœur léger. Essayez de ne pas trop vous focaliser sur une carte ou un résultat spécifique. Prenez votre temps, souriez, recevez, soyez reconnaissant et bienveillant, et des informations saisissantes vous seront apportées pour vous soutenir au fil de votre voyage.

# L'INTERPRÉTATION DES CARTES

# L'ANCRAGE

## Le chakra racine

### **Rouge**

*Le chakra racine se trouve à la base du bassin et de la colonne vertébrale. Connu sous le nom de* Muladhara, *« support du fondement » en sanskrit, il régit énergétiquement les jambes et le plancher pelvien, représente notre « base » et notre capacité à rester forts et solides. À un niveau élémentaire, il est gouverné par l'élément terre et insuffle l'énergie de l'ancrage et de l'enracinement.*

*Ses cartes symbolisent notre lien à l'énergie de la sécurité et de la sûreté. Pour que les graines de notre vie grandissent, il importe de préparer le terrain dans lequel elles doivent être plantées. À un niveau vibrationnel, elles visent à reconnaître que la Terre est un lieu sûr et abondant !*

## JE NE SUIS PAS SEUL

Tous les éléments dans l'Univers sont connectés. Vous êtes connecté à vos anges, à vos ancêtres, à vos proches d'aujourd'hui et même aux générations futures. Pour cette raison et bien d'autres, vous n'êtes pas seul.

Aujourd'hui, l'Univers vous rappelle que même lorsque vous éprouvez un sentiment de solitude, vous bénéficiez de beaucoup plus de soutien que vous l'imaginez. Le chemin spirituel n'est pas un chemin solitaire – vous n'avez pas à tout comprendre par vous-même, à porter un fardeau personnel et à dissimuler vos faiblesses pour réussir.

Quand cette carte apparaît, vous êtes appelé à vous ouvrir pour accueillir une aide, soit en l'acceptant lorsqu'elle vous est offerte, soit en la réclamant lorsqu'elle est nécessaire. Cet engagement ne vous affaiblira pas et ne vous blessera pas, mais vous rendra fort et authentique.

Lorsque vous refusez une aide sur le plan humain, il y a de fortes chances pour que vous érigiez des murs qui vous empêcheront d'obtenir un soutien sur le plan spirituel. L'heure a sonné d'abattre ces murs afin de ressentir et de vivre cette vérité : vous n'êtes jamais, *jamais* seul.

## LA VIBRATION DU JOUR

*« J'accepte l'aide et le soutien dans tous les domaines ! »*

## JE REMERCIE LA TERRE

La Terre est votre maison. Elle est une planète unique, car elle est le lieu où votre âme a choisi de s'incarner pour apprendre et grandir. Sans elle, vous n'auriez pas de chemin à parcourir ni de mission à remplir.

Aujourd'hui, vous êtes invité à vous connecter à l'énergie de la gratitude et à la partager avec elle. Lorsque vous lui exprimez votre reconnaissance, vous émettez une puissante vibration qui soutient non seulement l'évolution de votre être, mais également la sienne.

Grâce à cette prise de conscience, vous pouvez cultiver la compréhension de votre impact individuel sur la Terre et des mesures à prendre afin de soutenir le collectif.

La raison pour laquelle cette carte vous parvient aujourd'hui est qu'une part de vous-même aspire à une vie plus harmonieuse et réfléchie, et accorder plus d'attention à la planète constitue la prochaine étape. Si vous en avez la possibilité, connectez-vous aux merveilles de la nature et rendez grâce à ce lieu que vous appelez votre maison.

## LA VIBRATION DU JOUR

*« Merci, Terre-Mère, pour vos bienfaits ! »*

## JE SUIS UNE BÉNÉDICTION POUR LE MONDE

Vous êtes une réelle bénédiction pour le monde. Si vous n'avez pas conscience de la joie et de la lumière que vous apportez, l'Univers vous le rappelle. Lorsque cette carte apparaît, il reconnaît que vous avez surmonté des épreuves, guéri de vos blessures et êtes devenu l'être le plus brillant et lumineux que vous avez jamais été lors de votre parcours personnel. C'est merveilleux.

Vous avez parfaitement le droit d'être ici et de vivre de la façon la plus authentique possible. Ne vous réfrénez pas, exprimez-vous, car lorsque vous incarnez votre moi avec sincérité, un profond sentiment de sécurité vous étreint ; la Terre devient un espace sûr, car les mesures que vous prenez pour réclamer votre guérison et votre sécurité se diffusent dans le monde.

Vous êtes une bénédiction. Si vous avez jamais eu le sentiment d'être un fardeau, sachez qu'il ne s'agit en aucun cas de votre vérité ! Votre présence est un bienfait pour le monde.

## LA VIBRATION DU JOUR

*« Ma présence est une bénédiction ! »*

## L'ABONDANCE EST UN ÉTAT D'ESPRIT

Qu'est-ce que la véritable abondance ? Ne déterminez pas votre richesse uniquement en fonction de vos possessions matérielles, mais aussi de votre bonheur, de votre santé, de votre entourage et de l'inspiration que vous portez en vous.

Vous bénéficiez de plus de bienfaits que vous l'imaginez. Aujourd'hui, vous êtes invité non seulement à en prendre conscience, mais aussi à vous sentir reconnaissant d'en jouir. Vous êtes guidé afin de voir le verre à moitié plein, de savourer la richesse de votre bien-être et de faire de votre joie cette énergie susceptible de vous offrir plus de raisons encore de vivre l'abondance.

L'abondance est un état d'esprit. Si vous parvenez à voir ce que vous possédez, plutôt que ce qui vous manque, vous attirerez toujours plus de bénédictions et vivrez la plénitude à travers chaque facette de votre être.

Si vous avez le sentiment d'être riche, votre vie en sera le reflet.

L'Univers lui-même est abondant par essence. Il possède tout ce dont vous avez besoin et plus encore. Jouir de ses bienfaits et de ses richesses n'en privera pas les autres ; en réalité, votre expérience de l'abondance offrira même à ceux qui vous entourent l'opportunité d'améliorer leur propre vision de la richesse. Dès lors, expérimenter l'abondance devient un acte réfléchi.

## LA VIBRATION DU JOUR

*« Je suis riche, car béni, inspiré et entouré des gens que j'aime. »*

# LE FLUX

## Le chakra sacré

**Orange**

*Le chakra sacré se situe au sommet de l'os pubien et est connu en sanskrit sous le nom de* Svadhisthana, *ce que l'on pourrait traduire par « sa propre demeure ». Énergétiquement, il régit les organes sensuels/sexuels et représente notre capacité à créer. Au niveau élémentaire, il est gouverné par l'élément eau et insuffle l'énergie du flux.*

*Ses cartes représentent le lien avec la capacité à faire confiance et à circuler avec l'énergie de la vie elle-même. Lorsque nous plantons des graines, nous ne les déterrons pas pour vérifier qu'elles poussent, car nous faisons confiance aux lois de la nature et à son processus. À un niveau vibratoire, elles parlent de la confiance en ce qui se déroule.*

## MA SENSIBILITÉ EST UN CADEAU

Vous êtes un être sensible. Peut-être peinez-vous à le reconnaître, mais depuis votre jeunesse, vous développez une conscience unique qui vous permet d'éprouver ce que ressentent les autres, de vous connecter au travers des émotions et de laisser circuler vos propres sentiments. Quel que soit l'espace dans lequel vous vous trouvez, vous percevez des énergies au-delà de la perception humaine habituelle.

Depuis des années, ce don vous a distingué des autres. Peut-être certaines personnes vous ont-elles laissé entendre que vous étiez trop sensible ; peut-être percevez-vous le poids de votre ressenti comme une malédiction. Or, votre sensibilité est un don. Au travers de vos sentiments et de vos émotions, vous avez appréhendé vos besoins uniques. Vous vous connaissez et avez appris à surmonter d'immenses défis. Au fil de cette guérison, vous avez découvert les dons que vous êtes né pour partager.

Vous ne vous seriez jamais trouvé là où vous êtes ou ne seriez pas qui vous êtes aujourd'hui sans votre sensibilité ; elle est un véritable don et l'Univers vous invite à en prendre conscience.

## LA VIBRATION DU JOUR

*« Mes dons sont les dons de ma sensibilité. »*

## MA SEXUALITÉ EST SACRÉE

Votre sexualité reflète la façon dont vous vivez et vous exprimez sur le plan sexuel. Malheureusement, cet aspect à la fois sensible et vulnérable de vous-même est l'espace où vous risquez de ressentir de la culpabilité, de la peur et de la honte. Il est fort probable qu'à certains moments au cours de votre vie, il soit incompris, méprisé et/ou utilisé. Peut-être même devrez-vous le dissimuler, l'ensevelir ou vous en détacher pour gérer certaines situations.

Aujourd'hui, l'Univers vous invite à vous réapproprier ce moi sensuel et sexuel. Ces jours où vous éprouviez le besoin de ressembler aux autres sont terminés. Réclamez ce qui vous revient de droit. Vous pourrez ainsi guérir des blessures du passé et surmonter les limites imposées à votre unicité et votre individualité. L'objectif étant d'entretenir avec vous-même une relation personnelle et d'être capable de vous voir comme vous avez besoin d'être vu.

Votre sexualité est sacrée. Votre sensualité est spirituelle. Lorsque vous sexualisez davantage une situation (même si c'est uniquement pour vous-même), vous vous connectez à la force de vie primale qui est en vous et élevez vos vibrations.

## LA VIBRATION DU JOUR

*« Je revendique ma sexualité comme sacrée. »*

## MON CORPS EST MON FOYER

Votre corps est un espace sacré ; l'espace dans lequel réside votre âme afin que vous puissiez vivre l'expérience de la vie humaine. Merveilleux instrument, il vous permet de naviguer dans cette dimension physique et d'exprimer qui vous êtes en réalité.

Il y a bien sûr des moments où vous le considérez comme un ennemi qui parfois vous submerge. Des moments où ce que vous voyez vous déplaît, où vous vous sentez limité par les contraintes qu'il vous impose. Mais cette enveloppe physique est indéniablement un miracle.

Élever vos vibrations ne consiste pas à aller « au-delà » de votre corps, mais à entrer pleinement en lui. À reprendre possession de cet espace sacré dans lequel réside votre âme.

Avec cette carte, l'Univers vous invite à l'aimer. Si cela vous semble difficile, commencez par le respecter. Prenez des mesures et faites des choix qui le soutiennent et l'honorent, car ainsi, vous vous ouvrez au flux de soutien de la vie elle-même.

## LA VIBRATION DU JOUR

*« Je revendique mon corps en tant qu'espace sacré. »*

# RESSENTIR CE QUE J'AI BESOIN DE RESSENTIR EST JUSTE

De nombreuses informations suggèrent que certains ressentis peuvent révéler des blocages, mais il importe de vous souvenir que vous vivez une expérience humaine. Lorsque vous niez vos émotions, vous les projetez dans votre espace obscur. Dès lors, elles continuent de vous affecter et risquent de créer plus de problèmes que vous l'imaginez puisque vous n'en avez pas conscience.

Aujourd'hui, l'Univers vous appelle à comprendre qu'il est normal de ressentir ce que vous avez besoin de ressentir. Le seul moyen de surmonter vos émotions est de les vivre. Ne culpabilisez pas. Traitez-vous avec bienveillance en trouvant un espace sûr pour les exprimer avec la plus parfaite honnêteté. Laissez-les surgir, libérez-les.

Ensuite, vous pourrez prendre des mesures pour vous orienter vers ce que vous voulez ressentir. Sachez que l'Univers vous soutiendra au fil de votre voyage.

## LA VIBRATION DU JOUR

*« Je m'autorise à ressentir précisément ce que j'ai besoin de ressentir. »*

# LE FEU

## Le chakra du plexus solaire

### Jaune

*Le chakra du plexus solaire se situe entre le nombril et l'estomac. Son nom sanskrit,* Manipura *ou « joyau scintillant », révèle sa brillance et son éclat. Énergétiquement, il gouverne le système digestif, les intestins et donc notre volonté et notre intuition. Au niveau élémentaire, il est régi par l'élément feu et symbolise notre feu intérieur – nos passions.*

*Ses cartes nous appellent à assumer nos dons et nos talents afin de pouvoir nous exprimer dans le monde. En nous connectant à elles, nous laissons les graines de nos intentions prendre vie avec lumière et passion. Sur le plan vibratoire, elles visent à faire surgir nos dons pour nous permettre de briller.*

## JE FAIS CONFIANCE À MES DONS

Vous possédez une combinaison unique de compétences et de dons. Personne en ce monde ne vous ressemble. Toutes les situations que vous avez vécues et tous les défis que vous avez surmontés vous ont permis de plonger en vous-même et de découvrir vos forces.

Pour cette raison, certaines facettes de votre histoire peuvent devenir une lumière pour le monde et les doux aspects de votre guérison et de votre transformation intérieures servir d'inspiration. Cela doit être ainsi, car les cadeaux ne sont pas des cadeaux, à moins d'être partagés.

Partager nos dons demande souvent confiance et bravoure, mais savoir qu'il est possible d'éclairer, de servir et d'inspirer les autres confère un tout nouveau sens au partage des talents avec lesquels nous sommes nés et que nous avons affinés au fil du temps.

Si vous avez demandé à l'Univers comment vous rendre plus utile, connectez-vous à votre histoire et sachez que tout ce que vous avez affronté et surmonté détient la clé qui vous permettra d'incarner une lumière plus étincelante encore et de la faire briller dans le monde.

## LA VIBRATION DU JOUR

*« Partager mon histoire et mes compétences uniques est un don pour le monde ! »*

## JE LAISSE MON FEU INTÉRIEUR ME RÉCHAUFFER SANS JAMAIS ME BRÛLER

Votre feu intérieur est la passion que vous portez en vous. Cette part de votre être qui veut faire la différence, se lever et avancer, qui brûle de poursuivre alors que tout vous appelle à vous arrêter.

Cette flamme d'inspiration au cœur de votre être est brillante, inspirée et ciblée. Elle s'illumine lorsque vous vous connectez à vos passions.

Vous l'entretenez lorsque vous écoutez votre intuition et exprimez votre moi le plus authentique.

Mais comme tous les feux, ce feu intérieur risque de devenir trop ardent et incontrôlable si vous l'alimentez. Il importe donc de le contenir et de le guider.

Aujourd'hui, l'Univers reconnaît vos dons et vos passions, mais vous invite à prendre votre temps, le temps de vous reposer et d'emplir votre coupe jusqu'à ce qu'elle déborde plutôt que de vivre avec une coupe à moitié pleine. Vous en tirerez davantage de profit et le monde aussi.

## LA VIBRATION DU JOUR

*« Je prends le temps de reconstituer mon énergie ! »*

## JE REVENDIQUE MON POUVOIR

Votre pouvoir est votre essence et votre lumière. Il constitue cette part de vous-même qui vous donne la capacité de dire « oui » quand vous avez envie de dire « oui » et « non » quand vous souhaitez opposer un refus. Il est l'étincelle qui vous donne la confiance nécessaire pour exprimer vos talents et partager vos dons.

Au fil de la vie, nous connaissons des moments où une part de notre pouvoir nous est enlevée.

Des moments accablants, décevants et émotionnellement épuisants où nous avons le sentiment d'avoir laissé derrière nous une part de nous-mêmes.

Or, votre pouvoir est votre pouvoir. Il ne peut vous être ôté. Il vous appartient de droit. Sur le plan spirituel, il attend que vous le revendiquiez.

L'Univers vous encourage à le reconquérir et à l'accueillir à nouveau dans votre cœur. Vous n'êtes pas ici pour devenir la victime d'énergies, de personnes ou de circonstances stériles. Il est temps de reprendre les rênes de votre vie. C'est le moment de vous lever, de briller. Le moment de vous dire « Oui ! » à vous-même !

## LA VIBRATION DU JOUR

*« Je me souviens de toutes les facettes oubliées de mon pouvoir ! »*

## VOULOIR, C'EST POUVOIR

Vous possédez en vous un pouvoir et une lumière qui ne s'éteindront ou ne disparaîtront jamais. Vous êtes abondant par essence, car vous êtes une expression de l'énergie universelle sous une forme individualisée.

Aujourd'hui, l'Univers vous offre l'énergie de l'autonomie. Si vous avez besoin de quelque chose pour avancer, sachez que cette chose est à votre portée. Cette carte vous rappelle que votre volonté est puissante. Quel que soit le sujet sur lequel vous concentrez votre intention avec une foi inébranlable, vous créez. Vous êtes invité à ne plus espérer que vos rêves deviennent réalité, mais à intégrer le fait qu'ils se sont déjà réalisés.

Écoutez le sentiment qui vous souffle que vos intentions se matérialiseront. Ressentez-les dès aujourd'hui et sachez que des énergies magnétiques leur donneront vie. Soyez reconnaissant d'avoir l'opportunité d'orienter votre volonté. Laissez la gratitude imprégner votre être. Ressentez l'excitation lorsque vous puisez dans la puissance de l'Univers pour que vos rêves les plus fous deviennent votre présent.

Vous êtes un être illimité et abondant vivant dans l'immensité des possibilités. Les miracles vous appartiennent.

## LA VIBRATION DU JOUR

*« Mon potentiel est illimité ! »*

# L'AMOUR

## Le chakra du cœur

### Vert

*Le chakra du cœur se trouve au centre de la poitrine au niveau du sternum. En sanskrit, son nom* Anahat*, ou « indemne », évoque une beauté intacte sous sa forme la plus pure. Énergétiquement, il gouverne notre capacité à aimer, à être aimés, à donner et à recevoir. Au niveau élémentaire, il est régi par l'élément air et représente le royaume de l'invisible, ce qui peut uniquement être ressenti.*

*Ses cartes ouvrent la porte du cœur et libèrent une voie pour donner et recevoir. Elles créent un espace en libérant tous les blocages qui se dressent entre nous et les êtres aimés. Sur le plan vibratoire, elles déploient nos pétales et révèlent la beauté de notre moi le plus sincère et aimant au monde.*

## JE CHOISIS LA BIENVEILLANCE

La bienveillance signifie donner sans avoir besoin de recevoir, de prendre en considération la volonté d'être présent et de venir en aide. Être bienveillant est l'une des vibrations les plus hautes, car lorsque nous donnons sans appeler de retour, nous nous accordons au flux abondant de l'Univers, puis recevrons une aide sous une autre forme.

La bienveillance est excellente pour le cœur, à la fois physiquement et spirituellement. Sur le plan physique, elle abaisse la tension artérielle, renforce les artères et insuffle la clarté mentale. Sur le plan spirituel, lorsque vous êtes animé de cette générosité, vous vous autorisez à accepter le soutien d'une puissance supérieure qui vous conduira toujours plus haut et vers ce qu'il y a de meilleur.

Être bienveillant envers vous-même implique de supprimer tout ce qui rend le bonheur conditionnel. Vous vous respectez et vous aimez quelle que soit la situation, soulagez la pression qui pèse sur vos épaules et acceptez d'être ce que vous avez besoin d'être.

Aujourd'hui, l'Univers vous encourage à choisir la bienveillance dans tous les domaines de votre vie. Soyez bienveillant envers les autres. Soyez bienveillant envers vous-même.

## LA VIBRATION DU JOUR

*« Ma bienveillance attire l'amour. »*

# JE LE MÉRITE

L'estime de vous-même est liée à l'élévation de votre taux vibratoire. Elle vous aide à reconnaître que vous êtes digne de grandir et d'apprendre, que vous méritez de vous frayer un chemin vers le succès comme bon vous semble.

L'Univers considère que vous en êtes digne parce que vous êtes une extension de sa grandeur. Vous estimez-vous méritant ? Votre capacité à créer un sens de l'abondance se base sur votre capacité à croire que vous l'êtes.

Aujourd'hui, vous êtes invité à vous regarder avec amour et à prendre conscience de mériter pleinement cette abondance. Parce qu'elle est inhérente à l'Univers et que vous en faites partie. Parce que l'amour est *qui* vous êtes. Parce que vous êtes voué à marcher sur le chemin de la vérité et que l'authenticité brille en vous.

Laissez la lumière de votre âme emplir la coupe de votre être jusqu'à ce qu'elle déborde.

## LA VIBRATION DU JOUR

*« Je m'offre l'amour que je mérite. »*

## JE M'ACCEPTE AVEC AMOUR

S'aimer peut représenter l'un des plus grands défis, non pour l'âme, mais pour l'ego. S'accepter peut se révéler infiniment complexe, car l'ego tente de soumettre l'amour de soi à des conditions. Vous vous aimerez si votre corps est « parfait », si vous menez à son terme le projet sur lequel vous travaillez, etc.

Or, l'amour est inconditionnel. Il dépasse les frontières, les réalisations et la vanité. S'aimer signifie être prêt à discerner l'étincelle de lumière et de bienveillance dans les profondeurs de son être ; reconnaître que le corps dans lequel nous nous sommes incarnés est un véhicule miraculeux grâce auquel nous pouvons faire l'expérience de la luminosité de notre âme.

Vous accepter avec amour signifie *vous* honorer. Cela implique de dépasser ce que vous considérez comme des défauts et de toujours discerner la beauté. Décider de ne plus être représenté par une opinion négative, une peur ou tout obstacle qui s'est dressé entre vous et votre bienveillance par le passé.

L'amour est qui vous êtes. Aujourd'hui, l'Univers vous invite à reconnaître cette vérité.

## LA VIBRATION DU JOUR

*« Je suis amour, corps et âme. »*

## LE PARDON ENGENDRE LA LIBERTÉ

Le *pardon*. Dès que nous entendons ou lisons ce mot, des circonstances particulières déferlent dans nos cœurs et nos esprits.

Souvent, nous résistons au pardon, car nous avons le sentiment que certaines décisions ou actions constituent un comportement inacceptable et que si nous les pardonnons, nous les « autorisons » ou laissons les autres « s'en sortir » impunément.

Pardonner ne signifie pas accepter l'inacceptable, mais comprendre que s'obstiner à ne pas l'accepter ne favorisera pas votre guérison, que si vous aviez eu connaissance alors de ce que vous savez aujourd'hui, vous auriez bien sûr choisi un chemin différent. Mais comment l'auriez-vous su si cela ne s'était pas produit ?

Nous vivons et apprenons. Le pardon consiste à renoncer au passé afin de pouvoir gagner notre liberté dans le présent. À abandonner le poids des mauvais choix d'autrui afin qu'il n'affecte pas notre bonheur actuel.

L'Univers veut vous faire savoir que le pardon est un processus organique. Le chemin se déroule sous vos yeux. Il vous suffit d'être prêt à l'emprunter.

## LA VIBRATION DU JOUR

*« Je suis prêt à pardonner et à être pardonné. »*

# L'EXPRESSION
## Le chakra de la gorge
### Bleu

*Le chakra de la gorge se situe au niveau de la nuque, entre les clavicules. Il gouverne la zone du cou, y compris le haut des épaules et du dos. En sanskrit, son nom* Vishudda *ou « pureté », révèle la liberté issue de l'expression de soi. Énergétiquement, il régit notre relation à la vérité, à la parole, à l'écoute et à l'honnêteté. Au niveau élémentaire, il est gouverné par l'élément Espace et représente l'énergie vitale.*

*Ses cartes visent à éliminer les fardeaux et à créer un espace pour que notre vérité ouvre la voie. Elles nous autorisent et nous encouragent à nous exprimer et à être entendus en restant alignés sur la raison majeure de notre désir d'expression, qui est de vivre authentiquement comme notre moi le plus individuel et le plus beau. Elles nous permettent d'accueillir un moi plus tendre et aligné sur le monde.*

## JE LÈVE LE POIDS DU MONDE QUI PÈSE SUR MES ÉPAULES

Vous êtes un être attentionné et respectueux qui désire uniquement le meilleur pour vous-même et votre entourage. Par le passé, n'avez-vous pas placé vos propres besoins derrière ceux de vos proches, amis ou collègues ? Or, renoncer à vos exigences risque de vous aspirer dans la spirale du désespoir.

Aujourd'hui, l'Univers vous rappelle que vous n'avez pas à résoudre tous les problèmes ou à trouver une réponse à toutes les questions. Si vous tentez de tout contrôler, il ne pourra pas vous apporter son soutien dans votre champ énergétique. Détendez-vous. Délestez-vous du poids du monde. Accordez une place à l'Univers afin qu'il vous épaule. Il sait combien vous vous sentez concerné et que si vous prenez du recul, vous parviendrez à créer l'espace pour que se produisent les miracles dont vous avez besoin et que vous méritez.

Lorsque vous lâchez prise, vous autorisez l'Univers à ouvrir la voie.

## LA VIBRATION DU JOUR

*« Je renonce à cette situation*
*et ouvre la porte aux miracles. »*

## L'HONNÊTETÉ EST LA MEILLEURE DES ATTITUDES

Dans un monde qui a besoin de plus de vérité, l'un des cadeaux les plus formidables que nous puissions offrir est notre vérité. Lorsque nous nous abstenons de nous exprimer, nous créons un bouclier d'énergie qui risque de nous empêcher d'être vus, compris et soutenus. Nous ne sommes pas et ne vivons pas notre moi authentique.

Aujourd'hui, l'Univers vous rappelle que l'honnêteté est la meilleure des attitudes. Si vous avez besoin d'exprimer ce qui pèse sur votre cœur, il est temps de prendre la parole et de vous faire entendre. La liberté née de vos aveux engendrera des opportunités propres à vous faire progresser.

Si vous êtes honnête, vous créez une énergie dans laquelle l'Univers vous embrasse. Si vous faites le premier pas au travers du partage, il vous révélera la prochaine étape au travers de ces opportunités. Lorsque vous parlez avec honnêteté et certitude, toutes les portes fermées s'ouvrent et la lumière de votre moi véritable se révèle au monde.

Si vous exprimer ou partager avec sincérité suscite votre inquiétude, appelez l'Univers et demandez-lui de vous révéler comment faire. Parfois, le plus simple est de commencer par être honnête envers soi-même. Connectez-vous à votre esprit et offrez-vous la vérité que vous avez besoin d'entendre. Le reste se déroulera naturellement.

## LA VIBRATION DU JOUR

*« Mon honnêteté crée un espace*
*pour offrir plus de vérité au monde ! »*

## LA VÉRITÉ EST MON MAÎTRE

Avant de vous incarner dans cette vie, dans ce corps, vous avez choisi de venir sur Terre. Si votre mission n'a pas été entièrement définie, vous avez posé l'intention de laisser ce monde dans un meilleur état que celui dans lequel vous l'avez trouvé.

C'est pourquoi, depuis votre jeunesse, vous quêtez le sens de votre vie, tentez d'appréhender son plus grand mystère, posez des questions fondamentales, développez votre intuition et vous ouvrez à l'Univers au travers de vos pratiques spirituelles.

Tout ce que vous avez fait et vécu vous a conduit là où vous êtes aujourd'hui. Ces heures sont déterminantes. Peut-être vous interrogez-vous sur votre prochaine étape. Avec cette carte, l'Univers vous invite tout simplement à incarner votre vérité. La personne que vous êtes au plus profond de votre être. Laissez cette vérité jaillir afin que le monde la distingue et alors, vous vous souviendrez de la raison de votre venue sur Terre.

## LA VIBRATION DU JOUR

*« Je laisse ma vérité révéler mon objectif. »*

## MON SOUFFLE ME RELIE À LA VIE

Dans les enseignements yogiques, la respiration est connue sous le nom de *prana* ou « force vitale ». Les anciens yogis ne faisaient aucune distinction entre cette force et le souffle, et aujourd'hui, l'Univers vous invite à vous connecter à sa puissance.

Nous respirons naturellement ; pourtant, lorsque la situation nous accable ou nous angoisse, il y a de fortes chances pour que nous nous privions de l'élément le plus essentiel à la vie: l'air.

L'air contient la force vitale de l'Univers et si nous prenons conscience du lien qui nous unit, nous ouvrons la voie au guide, au soutien et même à l'abondance.

Aujourd'hui, vous êtes invité à respirer profondément. Quand tout se bouscule, votre souffle devient superficiel, votre énergie se disperse et vous risquez à terme de vous épuiser. Prenez conscience de votre souffle. Si vous le retenez ou le limitez lorsque vous accomplissez vos tâches quotidiennes, vous ne serez jamais en parfaite harmonie avec votre être.

Vous n'êtes pas né pour vivre avec un verre à moitié plein. Vous êtes sur Terre pour respirer avec aisance et mener une vie opulente – fertile en objectifs, connexions et plaisir.

## LA VIBRATION DU JOUR

*« Je prends le temps*
*dont j'ai besoin pour respirer. »*

# LA VISION

## Le chakra du troisième œil

**Indigo**

*Le chakra du troisième œil se trouve au centre du front. Il régit la tête, l'esprit et tout ce qui touche à la perception, y compris la conscience psychique. En sanskrit, il a pour nom* Ajna *qui signifie « commander », révélant notre aptitude à contrôler notre conscience et notre perception.*

*Énergétiquement, il gouverne notre volonté de discerner spirituellement chaque aspect de notre vie. Cela dépasse la simple observation de phénomènes psychiques destinés à nous percevoir et percevoir les autres avec amour. À un niveau élémentaire, ce chakra, comme celui de la gorge, est gouverné par l'élément espace et symbolise notre lien avec la force vitale.*

*Ses cartes visent à modifier notre perception. Leurs messages appellent notre conscience et notre attention en nous invitant à poser sur le monde un regard différent afin de mieux discerner la vue d'ensemble. Elles nous encouragent à accomplir un travail intérieur destiné à améliorer notre connexion à la fois au monde extérieur et au monde spirituel.*

## CROIRE, C'EST VOIR

Si un ancien dicton dit « Je le croirai quand je le verrai », l'un des plus grands secrets spirituels réside précisément dans l'opposé : je le verrai quand je le croirai. Ce que nous croyons dans notre monde intérieur est largement lié à ce que nous voyons ou vivons dans le monde extérieur. Cela signifie que tous nos dialogues intérieurs et nos croyances impactent d'une manière ou d'une autre notre univers.

Cette carte vous rappelle que vous êtes un puissant cocréateur de votre propre monde. Chacune de vos pensées, actions et non-actions, chacun de vos sentiments apporte sa contribution à votre champ énergétique et agence votre réalité. Il importe donc de fabriquer des pensées, des rêves, des rêveries et des idées susceptibles de travailler pour vous avec amour.

Il ne s'agit pas de contrôler l'Univers, mais d'élever vos vibrations afin de pouvoir cocréer un monde plus aimant et solidaire pour vous-même et ceux qui vous entourent. Ayez de plus hautes ambitions, pensez à ce que vous avez envie d'expérimenter, imaginez la vie que vous désirez vivre. Et sachez que vous la créez !

## LA VIBRATION DU JOUR

*« Je le verrai quand je le croirai ! »*

# JE MODIFIE MA PERSPECTIVE

La perspective est une manière de voir et d'interpréter, un point de vue. Cette carte vous indique que le moment est venu de mieux appréhender la vôtre. L'Univers vous invite à prendre conscience qu'elle limite votre capacité à distinguer le tableau d'ensemble.

Parfois, l'ego ou l'esprit peuvent jouer des tours et notre perception s'avérer erronée. Si vous êtes remis en question ou ressentez un manque de clarté et d'orientation, il y a de fortes chances pour que votre façon de penser ou les situations sur lesquelles vous vous concentrez soient largement liées à cette réalité.

Prenez du recul. Demandez-vous si vous pouvez considérer cette situation depuis une autre perspective. Ignorez votre ego. Il est la voix intérieure qui opère depuis un espace de manque et utilise la vanité, le succès extérieur et le temps pour vous convaincre que la situation va devenir défavorable. Ainsi, si l'anxiété, l'inquiétude et l'accablement impactent votre état d'esprit, sachez qu'il s'agit simplement de votre ego et que vous pouvez parfaitement vous déconnecter de ses idées limitantes. Les opportunités se profilent, mais vous devez être disposé à les saisir !

## LA VIBRATION DU JOUR

*« Je suis prêt à voir les choses différemment. »*

## JE SUIS UNE FACETTE DIVINE DE L'UNIVERS

Éveiller votre aptitude à percevoir les choses sur un plan spirituel relève en définitive d'un travail intérieur personnel. Distinguer des êtres divins et des anges et vivre une expérience directe avec l'Univers dérivent de votre capacité à vous voir. Cette capacité implique de vous réapproprier votre vérité. Vous êtes amour, aimable et aimant. Vous êtes la facette divine de l'Univers. Considérez la Source de la création comme un diamant aux multiples facettes. Vous êtes l'une de ces facettes.

Afin de commencer à vivre la vie que vous méritez, vous devez vous libérer des histoires anciennes suggérant que vous n'êtes pas assez bien. Vous êtes assez bien – vous êtes un être aimant et intelligent. Prenez le temps de considérer votre beauté, vos talents et vos dons. Soyez disposé à vous découvrir dans votre gloire tout entière.

Aujourd'hui, l'Univers vous encourage à vous voir au travers de son regard sacré et à prendre conscience que vous êtes l'une de ses facettes essentielles et précieuses. Vous êtes divin.

## LA VIBRATION DU JOUR

*« Je suis prêt à discerner mon être tout entier. »*

## MON ESPRIT EST UN AUTEL CONSACRÉ À L'ÉNERGIE DE LA SOURCE

Votre esprit est un espace puissant. Semblable à un temple ou un espace sacré dont l'autel serait directement connecté à l'Univers.

Tout au long de votre vie humaine, vous êtes confronté à des défis, à la peur et à l'incertitude. Ces expériences peuvent contribuer à vous faire croire que vous affrontez seul ces difficultés.

Mais vous pouvez abandonner ces pensées sur l'autel consacré à l'énergie de la Source et dès lors, inviter l'Univers à venir vous soutenir.

Si vous estimez une certaine situation particulièrement difficile, déposez-la sur cet autel. Déposez vos soucis et vos préoccupations. Vous vous ouvrirez ainsi à un pouvoir supérieur susceptible de vous inspirer et de vous guérir.

Aujourd'hui, l'Univers vous invite à prendre conscience que vous n'êtes pas seul dans le temple de votre esprit.

## LA VIBRATION DU JOUR

*« J'accueille le soutien de l'Univers pour affronter ce qui me préoccupe. »*

# LE SAVOIR

## Le chakra couronne

### Violet

*Le chakra couronne se situe au sommet du crâne et est représenté par un lotus en fleurs. Il régit le cerveau, l'intelligence et la connexion au divin. En sanskrit, son nom Sahasrara « aux mille pétales » donne le sentiment qu'il peut s'épanouir et fleurir. Énergétiquement, il gouverne notre lien personnel avec le divin. Grâce à son activation, nous sommes en mesure de vivre une expérience divine directe. Ce chakra dépasse les éléments, car il est une expression de la présence, de l'essence et de la lumière qui traversent la vie elle-même.*

*Ses cartes évoquent notre lien à la sagesse et incarnent certaines façons de « savoir » afin d'établir et d'entretenir cette connexion au divin. Leurs messages nous encouragent à nous aligner sur une façon d'être supérieure, à dépasser les comportements humains limités du manque et de la concurrence, et enfin, à croire qu'il y a suffisamment pour tous et que nous sommes ici pour des raisons surpassant la vanité et le gain matériel.*

*Elles nous encouragent à voir que nous ne sommes qu'un et que la façon dont nous nous connectons aux autres est celle dont nous nous connectons à nous-mêmes.*

## JE PURIFIE MON CHAMP ÉNERGÉTIQUE

Si vous avez été exposé à une situation qui a suscité en vous un besoin de protection, de défendre ce que vous sentiez être juste ou de vous cacher, sachez que cette période touche à sa fin. Avec cette carte, vous recevez le feu vert de l'Univers pour nettoyer votre champ énergétique de toutes les basses vibrations, des drames, des personnes ou des situations qui ne vous servent plus et ne servent pas le plus grand bien de la planète.

Le moment est idéal pour rompre toute connexion avec ce qui a drainé votre énergie, comme des ressentiments, des préoccupations ou des jugements portés sur autrui.

Peut-être devez-vous vous préparer à améliorer la situation et à tendre la main de la paix. Peut-être pensez-vous que cette main devrait vous être tendue et craignez-vous de renouer avec une personne. Mais l'énergie de la résolution vous anime aujourd'hui ; abandonnez l'idée que vous pourriez être blessé davantage, car ce sentiment négatif atténue vos vibrations et vous empêche de vivre la résolution à laquelle vous avez droit.

Aujourd'hui, la lumière de l'Univers nettoie votre champ énergétique.

## LA VIBRATION DU JOUR

*« J'ai coupé avec amour les cordons qui me reliaient aux situations, aux drames et aux personnes inutiles. »*

## JE SUIS EN SÉCURITÉ SUR CETTE TERRE

Depuis que vous êtes jeune, vous brillez. Étincelle du divin, vous vous êtes incarné pour apporter la lumière et la joie partout où vous allez. Mais au fil des ans, il se peut que votre lumière et votre présence aient induit un malaise chez ceux qui vous entourent et qu'en conséquence, ils vous aient dissuadé de révéler votre essence spontanément brillante.

Le message que l'Univers vous adresse aujourd'hui est que vous n'avez plus besoin de vous excuser d'être présent, brillant ou naturellement doué dans les domaines qui illuminent votre vie. La raison pour laquelle les autres se sentent menacés par votre lumière est qu'elle les appelle à partager leurs dons ; des dons qui ont probablement été rejetés ou jugés. Cela ne vous concerne pas. Vous êtes en sécurité.

Aujourd'hui, l'Univers vous invite à allumer votre lumière et à revendiquer votre vérité: vous êtes chez vous sur Terre parce que vous êtes chez vous en vous-même.

## LA VIBRATION DU JOUR

*« Je partage mon éclat avec le monde! »*

# JE SUIS PROTÉGÉ PAR LA SOURCE

Avec cette carte, un flot divin de lumière protectrice se déverse sur vous, votre aura et votre espace. Vous avez peut-être connu la honte ou l'embarras par le passé, mais ce n'est plus le cas aujourd'hui. La force vitale de l'Univers vous aide à dépasser vos pensées, vos émotions et vos schémas limitants susceptibles de vous insuffler un sentiment de danger ou de vous amener à vous préparer au pire.

La partie de votre psyché qui envisage le pire n'est pas néfaste, mais vulnérable et douce, elle tente de vous protéger. Aujourd'hui, le message que vous devez entendre est que vous êtes en sécurité.

L'entendez-vous ? Si vous doutez, si vous avez peur et vous sentez exposé, appelez la lumière de la Source. Cette énergie à haute fréquence détournera toutes les basses vibrations, les mauvaises intentions et les personnes qui ignorent votre bien-être ou n'œuvrent pas pour votre plus grand bien.

Sachez que vous êtes fort, plus fort encore lorsque vous vous unissez à l'Univers. Son amour et sa lumière indéfectibles vous soutiennent y compris lors des heures les plus sombres. Aujourd'hui, il vous rappelle que vous êtes protégé et que vous pouvez avancer sans crainte.

## LA VIBRATION DU JOUR

*« Je suis auréolé de la lumière de la Source. »*

## UN POINT DE VUE SUPÉRIEUR

Cette carte vous annonce que vous vous trouvez dans un espace énergétique déterminant où vous jouissez de l'opportunité réelle de dépasser les limites de votre ego et de tous les désirs égoïstes. Aujourd'hui, l'Univers vous offre une perspective supérieure.

Cette période est essentielle dans l'évolution de votre âme, car vous apprenez à connaître vos dons, mais êtes aussi confronté à votre ego et vos faiblesses. Les anciennes idées limitantes vous insufflent la notion du manque, d'une réussite inaccessible si vous ne vous battez pas et de désirs irréalisables si vous ne persévérez pas. Il y a de fortes probabilités pour qu'une histoire ancienne revienne vous visiter ; non parce que vous avez régressé, mais simplement pour vous rappeler le chemin parcouru.

Cette carte incarne votre chance d'emprunter la voie supérieure. Vous méritez l'abondance et rien ne manque autour de vous. L'Univers vous conduit vers votre plus grand bien, car les bonnes choses arrivent aux bonnes personnes et vous êtes une bonne personne ! Prouvez-le aujourd'hui en agissant avec amour et respect !

## LA VIBRATION DU JOUR

*« Je choisis d'emprunter le chemin supérieur pour mon plus grand bien ! »*

# LA LUMIÈRE

## L'étoile de l'âme

### Magenta

*Représentée par une étoile tridimensionnelle répondant au nom de Merkaba, l'étoile de l'âme se situe entre 20 et 30 cm au-dessus du sommet du crâne. Passerelle énergétique, elle constitue l'un des chakras supérieurs qui deviennent accessibles lorsque l'énergie de la kundalini franchit le chakra couronne et offre une expérience directe avec le divin. Elle détient le dessein et le potentiel de notre âme, ainsi que nos leçons karmiques. Énergétiquement, c'est à travers elle que nous franchissons les portails vers les dimensions supérieures, les guides spirituels et appréhendons les raisons de notre présence sur la Terre.*

*Ses cartes revisitent les anciennes leçons ou les histoires qui pourraient nous empêcher de vivre l'abondance et la finalité. Leurs messages concernent l'union de notre moi spirituel avec le monde humain afin de rendre ce dernier plus lumineux. En affrontant nos histoires passées, en nettoyant notre conscience et en prenant conscience de notre propre influence, nous ouvrons les canaux vers les royaumes supérieurs où nous pouvons dès lors commencer à percevoir les conseils divins et connaître nos guides spirituels de manière plus viscérale.*

## JE LIBÈRE MON KARMA

Notre karma est constitué d'histoires que nous portons dans notre champ énergétique et qui contribuent à notre réalité. Il y a de fortes chances pour que certaines soient limitantes et erronées. Souvent, ces « blocages karmiques » sont des idées négatives que nous nourrissons sur nous-mêmes, projetons dans nos relations ou nos liens en pensant que les autres les nourrissent également.

Lorsque vous tirez cette carte, l'Univers vous libère de vos expériences passées et vous encourage à les éloigner de votre champ. Il vous permet d'avoir une conversation ouverte et honnête avec toute personne qui, selon vous, se serait forgée une opinion négative sur vous-même. En prenant le temps de communiquer avec cette personne, vous vous offrez l'opportunité d'abandonner le passé et de donner vie à une histoire plus éclatante.

Accordez-vous ce bienfait, car vous pourrez ainsi ouvrir votre énergie à davantage d'abondance et de soutien. Lorsque vous affrontez des situations difficiles, vous pouvez les refouler à jamais de votre énergie et avoir une vision du monde plus centrée qui vous permet de naviguer dans votre avenir avec clarté, en vous libérant des contraintes du passé.

## LA VIBRATION DU JOUR

*« Je clarifie mon esprit et mon karma! »*

## JE PEUX BRILLER SANS RISQUE

Ce n'est pas le moment de vous réprimer. « Avancez, le moment est venu ! » Vous avez le droit d'y croire, car vous êtes une étoile. Si vous êtes resté en retrait ou qu'une pensée a freiné votre progression, si vous quêtez un signe vous indiquant que vous êtes sur la bonne voie, veuillez considérer que cette carte est le signe que vous attendez.

Osez ! Aujourd'hui, vous êtes cerné par la positivité, l'abondance et l'enthousiasme. Vos rêves sont une vision de ce que vous pouvez réaliser. Quelle que soit la chose avec laquelle vous êtes connecté intérieurement, vous en ferez bientôt l'expérience dans le domaine physique.

Vous vous sentez nerveux, intimidé ou incertain parce que vous vous souciez de faire une différence et de vivre de la manière la plus authentique. C'est ce qui fait de vous la personne brillante et lumineuse que vous êtes aujourd'hui. Ce n'est pas le moment de reculer ou de faire preuve de modestie, mais de réclamer ce qui vous revient de droit. Visez haut, toujours plus haut – le monde vous appartient et l'Univers se réjouit de vous voir étinceler !

## LA VIBRATION DU JOUR

*« J'ai confiance en mes dons.*
*Je sais que je peux briller ! »*

## JE SUIS COMBLÉ PAR L'AMOUR

Lorsque vous tirez cette carte, il y a de fortes probabilités que vous ayez connu la peur, la séparation et une peine de cœur au cours de cette vie. Quelque part au fil de votre histoire, vous avez été amené à croire que vous deviez vous battre pour être aimé ou prouver que vous méritiez de recevoir l'approbation d'autrui. Cela vous a conduit à vous fermer afin de vous protéger d'une éventuelle blessure. Pendant longtemps, vous avez consacré du temps et de l'énergie à revisiter ces anciennes douleurs dans un effort pour vous reconstruire et vous orienter vers de nouvelles expériences.

Vous vivez aujourd'hui une étape décisive de votre voyage spirituel où vous prenez conscience que vous ne devez pas « travailler » pour obtenir l'amour ni le quêter, mais qu'il est votre héritage divin. Vous avez compris qu'il ne naît pas uniquement des relations ou des expériences extérieures, mais qu'il est votre état naturel.

Aujourd'hui, vous savez que l'épanouissement n'est pas issu d'éléments extérieurs, mais de la reconnaissance de votre étincelle de magnificence issue du cœur de l'Univers. Vous faites partie du tableau d'ensemble. Vous êtes l'amour incarné.

## LA VIBRATION DU JOUR

*« Je suis comblé par l'amour, car je suis amour. »*

# JE SUIS ENTOURÉ D'ANGES

Les anges se rapprochent de vous. Par vos actions, vos choix et votre soutien, vous avez élevé vos vibrations et créé une énergie qui les attire. Soyez ouvert aux signes et aux synchronicités confirmant que vous êtes en présence de leur lumière.

Les anges vous renvoient votre lumière intérieure. Ils portent sur vous un regard empreint d'un amour inconditionnel, discernent votre potentiel le plus pur et vous permettent de briller.

Lorsque les anges sont proches, les bénédictions sont inéluctables et vous pouvez rencontrer un flux d'abondance. Soyez ambitieux, car les anges ouvrent les portes des opportunités. Le chemin que vous parcourez s'aligne sur le plus grand bien et ils sont à vos côtés lorsque vous marchez dans la lumière !

## LA VIBRATION DU JOUR

*« Les anges me guident ! »*

# L'INTÉGRATION

## L'étoile de la Terre

### Cuivre

*L'étoile de la Terre est tridimensionnelle et se trouve à environ 30 cm sous nos pieds. Merkaba de cuivre, elle est l'un des chakras supérieurs que nous pouvons atteindre lorsque nos vibrations s'élèvent avec la kundalini. Terre intérieure détenant toute la sagesse terrestre rassemblée au fil des millénaires, elle est un espace de soutien et d'ancrage qui nous rappelle pourquoi nous avons choisi de nous incarner et de quelle manière nous pouvons maîtriser nos dons spirituels au cours de cette vie.*

*Ses cartes nous appellent à prendre la responsabilité de notre chemin et de notre cheminement spirituel. Leurs messages nous aident à intégrer l'ensemble de notre apprentissage spirituel à notre condition humaine. Lorsque nous pensons à augmenter nos vibrations, nous imaginons souvent devoir nous élever au-delà de notre corps alors qu'en réalité, nous devons nous incarner et nous intégrer pleinement à la planète afin de faire la différence. L'énergie de l'étoile de la Terre nous invite à reconnaître notre capacité à initier de grands changements, en commençant en nous-mêmes.*

## JE FAIS CONFIANCE À LA SAGESSE INTÉRIEURE

La connaissance est ce que nous apprenons, la sagesse, ce que nous connaissons. Le savoir est issu de l'apprentissage, la sagesse, de l'être intérieur. Ayez une écoute attentive. Une voix en vous détient la réponse pour chaque défi que vous affrontez. Tout au long de votre vie, vous avez interagi avec elle, suivi ses conseils et pris des mesures en fonction de ce qu'elle vous communiquait. Lorsque vous l'avez ignorée, vous vous êtes retrouvé dans un espace d'indécision et d'insécurité. Réfléchissez. N'est-ce pas la vérité ?

Cette carte apparaît pour vous aujourd'hui parce que vous recevez des conseils divins et les remettez en question. Une part de vous-même ne croit toujours pas que cette réponse est la réalité que vous méritez. Il est temps de modifier cette perspective.

L'Univers vous donne un coup de pouce bienveillant pour franchir la prochaine étape. En écoutant votre invitation intérieure, vous améliorerez votre sentiment de satisfaction et votre raison d'être. Vous êtes en contact avec l'Univers à travers votre voix intérieure et il est temps de l'écouter !

## LA VIBRATION DU JOUR

*« J'écoute les conseils de l'Univers ! »*

# JE SUIS SOUTENU LE LONG DE MON CHEMIN

Si votre chemin peut sembler le moins fréquenté, ce voyage va se révéler infiniment bénéfique pour votre croissance personnelle et spirituelle. Avec cette carte, vous êtes invité à contempler le chemin que vous avez parcouru, ce que vous avez guéri et vaincu.

L'Univers vous encourage à simplifier les choses. Si celles-ci deviennent trop pesantes ou difficiles, demandez-vous ce que vous pourriez faire et abandonner pour les alléger. Que pourriez-vous accomplir qui vous permettrait de parcourir votre chemin de manière plus légère, épanouie et ciblée ?

Votre chemin peut ressembler à une route solitaire, mais en réalité, vous êtes infiniment connecté. Et ce chemin est celui que vous avez choisi. Il importe que vous en preniez pleinement possession. En acceptant d'être qui vous êtes et ce que vous êtes venu accomplir sur cette Terre, vous créez une énergie qui permet aux autres de vous accepter et de vous épauler. Vous n'avez pas besoin de validation externe ; vous méritez de vous sentir respecté, soutenu et encouragé. Acceptez-le.

## LA VIBRATION DU JOUR

*« J'ai confiance en mon chemin*
*qui ne cesse d'évoluer ! »*

## LES RELATIONS SONT UN ENSEIGNEMENT

Aucune connexion ou relation ne survient par accident. Chacune de nos interactions nous offre une multitude d'opportunités d'enseignement. Bien sûr, il peut s'agir de relations toxiques et accablantes, mais à travers elles, nous acquérons un sens profond de notre être, de nos dons et de la force dans laquelle nous pouvons puiser pour surmonter l'adversité.

Rien dans l'Univers n'est figé. Tout évolue en permanence en fonction des intentions humaines et des lois divines. Cela ne signifie pas que les événements arrivent pour une raison spécifique, mais que nous avons l'opportunité de trouver une raison à ces événements. L'univers ne crée pas de situations nuisibles pour que nous en tirions les leçons ; notre tâche consiste à agir sur ce que nous avons appris.

Lorsque vous tirez cette carte, vous êtes appelé par l'Univers à évaluer ce que vous avez appris de vos relations passées. Ne commettez pas la même erreur deux fois, car si vous retombez dans vos anciens schémas, votre passé deviendra votre présent et cette faute ne servira pas votre bonheur !

## LA VIBRATION DU JOUR

*« Je trouve une raison à chaque événement ! »*

## MA LUMIÈRE ILLUMINE LE MONDE

Une lumière brille en chacun de nous qui ne nous quittera jamais. Elle existait avant que nous nous incarnions et existera au-delà de cette vie. Elle n'est pas née et ne peut donc pas mourir – elle est éternelle, infinie. Elle est notre moi véritable.

Cette lumière a l'opportunité de briller chaque fois qu'elle affronte les ténèbres. L'obscurité n'est pas le mal, elle est l'incertitude. Chacun de nos moments de doute constitue pour elle la possibilité de resplendir et pour nos dons, d'être partagés.

Aujourd'hui, l'Univers fait appel à votre lumière. Ne la dissimulez pas, ne la tamisez pas. Laissez-la étinceler. Peut-être avez-vous été « empêché » ; peut-être étiez-vous convaincu qu'un moment spécifique viendrait où vous pourriez vous révéler pleinement et briller. Ce moment est venu. Lorsque vous commencez à exprimer qui vous êtes, vous vous alignez sur une puissance supérieure et cette présence vous rappelle pourquoi vous êtes ici et ce que vous devez accomplir par la suite.

Lors des périodes d'incertitude, soyez la lumière que vous êtes venu être !

## LA VIBRATION DU JOUR

*« Je me souviens de la raison de ma présence sur Terre ! »*

# LA SAGESSE ANCESTRALE

## La passerelle Gaïa

**Marron foncé/noir**

*La passerelle Gaïa est le portail énergétique auquel nous accédons par l'étoile de la Terre, Elle se trouve sous nos pieds et lorsque nous nous connectons à elle, il convient d'imaginer un trou de ver ou un portail conduisant au cœur de la Terre. Si ce chakra nous est moins familier, il nous relie à l'intelligence infinie de Gaïa, la présence spirituelle de la Terre, afin que nous puissions l'utiliser pour accéder à la sagesse ancienne de notre planète.*

*Ses cartes nous enracinent dans notre chemin afin de nous ouvrir à la sagesse de notre âme. Elles nous aident à reconnaître que toutes nos expériences possèdent des aspects essentiels de notre guérison et qu'en nous connectant à notre histoire personnelle, nous sommes en mesure de découvrir notre dessein. Gaïa sait ce que signifie se sentir maltraité et incompris, mais elle sait aussi ce que signifie survivre et prospérer. Alors que nous travaillons avec sa matrice d'intelligence, nous sommes en mesure de découvrir cette même énergie dans notre propre vie.*

## AFFRONTER MON OMBRE REFOULE LES TÉNÈBRES DU MONDE

Nous avons tous un côté obscur ; cette facette de notre psyché dont notre ego s'est dissocié et cette part de notre vécu que nous avons enfouie profondément. Toutefois, l'ombre n'est pas uniquement synonyme d'expériences négatives ou de traumatismes. Elle comporte aussi les dons et ces facettes aimantes de notre être que nous avons cru devoir dissimuler pour survivre dans le royaume des hommes.

Lorsque vous tirez cette carte, vous demandez du fond du cœur à l'Univers de vous soutenir afin de pouvoir mener une vie harmonieuse dotée d'un sens profond. Vous savez être en mesure de faire la différence en vivant sur cette planète et finalement, d'illuminer les ténèbres.

Afin d'être la lumière étincelante que vous êtes en réalité, vous devez affronter les éléments de votre vie, de votre histoire et de vos dons qui ont été dissimulés dans l'ombre. N'ayez pas peur. Vous n'avez plus à cacher vos talents, à tout faire pour tenter de vous adapter aux autres. Vous n'avez plus à porter la douleur dans votre cœur. En faisant surgir votre ombre dans la lumière, vous pouvez refouler les ténèbres du monde.

## LA VIBRATION DU JOUR

*« Je suis prêt à affronter ma propre peur. »*

## J'AI ÉTÉ APPELÉ SUR CETTE TERRE EN MISSION

Ce n'est certainement pas votre première incarnation et il y a de fortes chances pour que ce ne soit pas la dernière. Avant que vous naissiez dans ce corps, votre âme a décidé de vous rappeler la puissance de votre esprit. Elle a posé l'intention d'apporter la lumière de la Source. Telle est votre mission. Le reste vous appartient – l'apprentissage, les expériences et la façon dont vous pouvez en tirer parti. Mais votre vie a un vaste dessein et lorsque cette carte apparaît, l'Univers vous le rappelle.

Elle vous insuffle un regain de confiance et révèle que vous êtes sur la bonne voie. En étant simplement qui vous êtes, vous offrez aux autres votre étincelle de lumière et de bienveillance. Dès lors, cessez de vous préoccuper des détails. Manifestez simplement le pouvoir de votre esprit de la manière la plus authentique.

Brillez aujourd'hui. Brillez là où vous êtes. Exprimez vos dons et le reste se déroulera naturellement.

## LA VIBRATION DU JOUR

*« Je me souviens de la puissance de mon esprit ! »*

## MA GUÉRISON GUÉRIT MA LIGNÉE

Notre lignée est notre lignée familiale, la continuité de notre histoire familiale. Lors de notre naissance dans notre lignée actuelle, de nombreuses idées et croyances de cette famille sont devenues les nôtres.

Si vous avez le sentiment d'être freiné, il y a de fortes chances pour qu'un grand nombre de ces histoires soit en réalité limitant, fondé sur la peur et obsolète. Vous devez vous défaire de certaines énergies karmiques au sein de votre lignée familiale.

Lorsque vous tirez cette carte, vous entrez dans la lumière sacrée de la guérison et êtes invité à revisiter certaines de vos histoires familiales les plus complexes afin de réclamer votre vérité.

Sachez que vos ancêtres vous encouragent et vous acclament en esprit. Votre guérison au cours de cette vie guérit votre lignée familiale. Vos succès sont ses succès. Alors que vous triomphez des anciennes limites, vous tracez un nouveau chemin pour vous-même et les générations futures. N'est-ce pas merveilleux?

## LA VIBRATION DU JOUR

*« Je dépasse les peurs*
*et les limites de ma lignée. »*

## RESSENTIR LA PEUR EST UN APPEL À L'AMOUR

Chaque fois que votre ego devient bruyant et désagréable, vous êtes à l'orée d'un miracle. L'ego est cette voix intérieure qui cherche toujours à vous faire douter de vos talents, commente négativement votre image et vous projette dans une spirale de haine de vous-même. Il peut être difficile de ne pas le combattre, mais lorsque vous cédez à cette envie, votre esprit se transforme en champ de bataille. Qui a envie de vivre un tel tourment ?

Afin de vaincre la voix de votre ego, vous devez reconnaître son objectif. Il incarne la peur et apparaît pour vous offrir un choix. Chaque fois que vous entendez une voix intérieure vous souffler ce qui pourrait mal se passer ou pourquoi vous n'êtes pas suffisamment bien, sachez que vous pouvez choisir de prendre votre destin en main.

Aujourd'hui, l'Univers vous encourage à ne pas laisser les insécurités et les limites de votre ego, de votre passé ou de vos peurs entraver l'amour que vous êtes né pour incarner. Vous êtes l'amour et vous êtes fait pour le partager. C'est précisément ce que signifie élever ses vibrations.

## LA VIBRATION DU JOUR

*« Je choisis d'écouter la voix intérieure de l'amour ! »*

# LA MANIFESTATION

## La passerelle stellaire

### Cristal

*La passerelle stellaire est le plus élevé de nos portails énergétiques. Située à 30 cm au-dessus de notre tête, elle nous relie à la matrice divine, au champ quantique de la création, aux lois spirituelles de l'attraction et de la manifestation. Énergétiquement, ce portail de lumière se situe au-delà du temps et de l'espace dans une réalité de la cinquième dimension à laquelle notre moi supérieur est constamment connecté.*

*Ses cartes reconnaissent notre lumière et notre potentiel infinis. Elles nous guident afin que nous puissions affiner notre énergie en reconnaissant que nous ne sommes pas des victimes, mais des acteurs clés du déroulement de notre propre vie.*

*Finalement, elles offrent des informations dont notre âme a déjà connaissance, mais notre moi humain a besoin d'accorder sa confiance et de s'incarner pour libérer notre potentiel cosmique.*

## J'OUVRE LA VOIE AUX MIRACLES

Les miracles sont réels. Ils existent sous divers formats et formes. Leur absence indique une faille. Les miracles sont notre droit de naissance – *votre* droit de naissance, car vous êtes un miracle. Les miracles attirent les miracles.

Quand cette carte apparaît, l'Univers vous rappelle que tous les miracles sont à votre portée, quels qu'ils soient. Seulement, le croyez-vous ? Ne leur accordez-vous pas une importance propre à les rendre irréalisables ? Vous demandez-vous comment ils pourraient survenir dans votre vie ?

Sachez que votre travail ne consiste pas à comprendre les miracles, mais à vous y préparer. Plutôt que de vous demander comment se manifestera le vôtre, commencez par lui accorder l'espace pour se réaliser. Visualisez-vous en train d'en profiter. Connectez-vous au sentiment que vous éprouveriez s'il existait déjà et persuadez-vous qu'il existe.

## LA VIBRATION DU JOUR

*« Je cesse d'évaluer mes miracles et je crois que tous les miracles sont possibles. »*

# MA LUMIÈRE ATTIRE LA LUMIÈRE

La lumière est attrayante par nature – lorsque nous brillons de mille feux, nous attirons d'autres lumières qui peuvent prendre la forme de personnes, d'opportunités et même d'anges. En ce moment, des êtres divins vous entourent dans un espace sûr et sacré afin que vous puissiez être la lumière que vous incarnez.

Être une lumière signifie exprimer son moi individuel d'une manière décomplexée et assumée. Si vous sentez que vous avez dû assombrir votre lumière ou dissimuler vos talents pour vous intégrer à certains espaces, parmi lesquels votre famille, sachez que votre âme a choisi de dépasser les limites de cette vie. C'est ce que vous faites aujourd'hui et qui commence par la perception de votre moi véritable.

Aujourd'hui, l'Univers honore votre moi. La plus grande force de création vous remercie pour les mesures que vous avez déjà prises afin d'affronter vos peurs et de vous exprimer plus authentiquement en ce monde. Vous n'êtes pas né pour souffrir. Vous n'êtes pas né pour vous cacher. Si aujourd'hui, la prochaine étape vous effraie, la main de l'Univers sera là pour vous soutenir et vous faire progresser lorsque vous avancerez.

## LA VIBRATION DU JOUR

*« Être la lumière que j'incarne est un bienfait. »*

## MANIFESTER MES RÊVES EST MON « SUPER » POUVOIR

Vous êtes un maître de la manifestation – chacune de vos pensées, actions et non-actions, chacun de vos choix impacte votre chemin. Prenez conscience de votre potentiel et de votre pouvoir immenses et sachez que vous pouvez puiser dans le soutien céleste pour donner vie à vos rêves les plus fous.

Cette carte vous dit que le moment de contenir ces rêves est révolu, que l'heure est venue de viser plus haut. Où que vous ayez placé la barre, montez-la d'un cran. Vous êtes né pour vivre en bonne santé, riche et heureux. Il est temps de revendiquer l'expérience du bonheur.

Vous vous trouvez aujourd'hui dans un puissant vortex de manifestation et il importe de vous assurer que vos intentions et idées sont alignées sur l'excellence. Ne vous concentrez pas sur vos peurs ; acceptez-les, puis laissez-les s'éloigner. Ressentez ce que vous avez envie de ressentir. Visualisez ce que vous êtes prêt à recevoir. Vivez dans votre cœur l'abondance que vous êtes prêt à expérimenter dans votre vie.

## LA VIBRATION DU JOUR

*« Je suis un maître de la manifestation. »*

## VIVRE AVEC UN OBJECTIF EST SOURCE DE PROSPÉRITÉ

Avec cette carte, l'Univers vous rappelle que votre vie a un sens. En étant qui vous êtes, vous faites la différence. Vos épreuves, vos peines et vos connaissances vous ont amené à vivre avec un objectif – accomplir chacun de vos actes le cœur empli d'amour.

Lorsque vous agissez avec amour, l'énergie autour de vous attire les bénédictions tel un aimant. Lorsque vous donnez sans rien appeler en retour, offrez votre soutien, prenez le temps de vous accepter plutôt que de quêter la validation d'autrui, vous attirez la prospérité.

La prospérité n'est pas uniquement une question de richesse matérielle, mais de bien-être global, d'accomplissement et de réalisation. Une personne prospère croit que tout ce qu'elle fait engendre des vagues de bienveillance qui reviendront un jour vers elle. Une personne prospère est bienveillante, aimante et prévenante. Vous êtes cette personne et votre vie a un sens.

## LA VIBRATION DU JOUR

*« Être moi-même est mon objectif. »*

# L'ACTIVATION
## La kundalini
### Arc-en-ciel

*La kundalini, mot sanskrit qui signifie « serpent enroulé », est la force vitale originelle, l'étincelle de création que nous portons au cœur de notre être. Elle est représentée comme une spirale d'énergie au centre du chakra racine, qui reconstitue et active le système complet des chakras. La plupart du temps, elle est inactive et ne s'éveille qu'à certains moments au cours de l'existence, mais lorsque nous choisissons d'élever nos vibrations, nous posons clairement l'intention de la ranimer.*

*Ses cartes nous connectent aux qualités rayonnantes de notre être. Quand cette force vitale se déplace à travers les chakras, elle fait naître une lumière arc-en-ciel qui remplit notre champ énergétique et peut être perçue par ceux qui ne se considèrent pas comme des êtres spirituels.*

*Leurs messages nous aident à appréhender les raisons pour lesquelles nous nous sommes engagés sur cette voie. Ils nous aident à réveiller une énergie enthousiaste dans nos pratiques dévotionnelles et nous rappellent que même les plus petits pas vers notre guérison sont bénéfiques pour l'ensemble de l'humanité.*

# LA DÉVOTION M'UNIT À L'INFINI

La dévotion est l'énergie de la loyauté. Elle est le sentiment d'une gratitude profonde, d'amour et d'appréciation à l'égard de quelque chose ou de quelqu'un. Lorsque nous nous tournons vers le spirituel, nous faisons voler en éclats tous les blocages qui nous séparent du divin. La dévotion est puissante parce qu'à travers elle, quelle que soit la façon dont nous la révélons, nous autorisons notre conscience à ne faire qu'un avec notre objectif, quel qu'il soit.

Aujourd'hui, l'Univers rend grâce à votre reconnaissance et à votre amour. Il ne cherche pas votre dévotion, mais sait que celle-ci vous permet de vous unir à la présence intérieure infinie et qu'elle est l'énergie capable de déplacer des montagnes.

Quand cette carte apparaît, tout ce sur quoi vous concentrez aujourd'hui votre énergie soutient la croissance de votre âme. Votre engagement dans vos projets est puissant et magnétique. Lorsque vous êtes dans cet état d'extase et de concentration, vous vous alignez sur les vibrations supérieures et recevez des transmissions divines qui vous font progresser.

## LA VIBRATION DU JOUR

*« L'Univers soutient mon engagement. »*

# LE MANTRA « J'ÉLÈVE MES VIBRATIONS » M'APPELLE À BRILLER

Vous savez que le mantra « J'élève mes vibrations » est un appel pour atteindre la meilleure version de vous-même. Un appel à l'action qui vous rappelle qui vous êtes, pourquoi vous êtes ici et ce que vous pouvez accomplir pour insuffler un changement positif dans le monde.

Aujourd'hui, l'Univers vous encourage à maintenir vos vibrations avec constance. Ne vous laissez pas entraîner dans une spirale de pensées limitantes. Ne vous souciez plus des détails mineurs. Vous êtes un être puissant connecté à une abondance infinie. À tout moment, vous pouvez demander de l'aide, un soutien et la guérison.

Bien sûr, vos hautes vibrations peuvent défier ceux qui ne veulent pas accroître les leurs. N'imposez vos idées ou votre vérité à personne, restez simplement conscient de vous-même et autonome, conscient que chacun fait de son mieux avec les informations et la conscience qu'il possède. Quand les drames surviennent autour de vous ou que la négativité l'emporte, murmurez simplement : « J'élève mes vibrations », pour vous maintenir sur l'énergie vibratoire la plus haute.

## LA VIBRATION DU JOUR

*« J'ai confiance en la lumière de mon âme ! »*

## MES HAUTES VIBRATIONS GUÉRISSENT LE MONDE

Vous êtes un merveilleux guérisseur. Les étapes que vous franchissez vers la positivité et la maîtrise ne sont pas curatives uniquement pour vous-même, mais aussi pour le monde. Vous ne faites qu'un avec celui-ci et la vie elle-même. Ce que vous accomplissez en vous est ce que vous partagez avec l'extérieur. En vous montrant bienveillant et aimant envers vous-même, vous vivez avec un dessein supérieur.

Cette carte vous appelle à poursuivre votre chemin. Parfois, vous vous demandez si vos actions suffisent ou si vous faites une différence ; aujourd'hui, l'Univers veut que vous sachiez que c'est le cas. N'avez-vous pas emprunté ce chemin parce que vous vouliez devenir une personne plus positive, être peut-être un meilleur conjoint, un meilleur membre de votre famille ou un meilleur collègue ? Ce désir noble a fait une différence.

Aujourd'hui, votre tsunami d'amour déferle sur la grille de l'Univers. Vous êtes un ange sur la Terre, vous faites une différence dans votre propre vie et inévitablement, dans le monde. Votre présence même est une bénédiction !

## LA VIBRATION DU JOUR

*« Ma guérison intérieure guérit l'humanité. »*

## MON AURA ATTIRE DES OPPORTUNITÉS EN OR

Notre aura est la projection extérieure de notre système énergétique. Lorsque nous accomplissons un travail spirituel profond, affrontons nos ténèbres, nous consacrons à notre pratique spirituelle et participons à notre bien-être, elle rayonne et ceux qui nous entourent voient au-delà de ce que nous considérons comme nos défauts et se connectent directement à notre moi véritable.

Aujourd'hui, votre aura est radieuse. Vous êtes dans un espace sacré. Vous avez consacré votre temps, vos efforts et votre énergie à reprendre possession de votre plénitude. Vous avez affronté vos ombres. Vous vous êtes dédié à votre guérison. Vous avez choisi de vous souvenir de la lumière de votre âme.

Actuellement, les portes de l'opportunité s'ouvrent à vous. Toute nouvelle invitation, connexion et inspiration stimulante qui surgit est guidée par le divin. C'est le moment de vous prélasser dans la gloire de vos dons et d'exprimer votre moi le plus authentique. Votre champ énergétique est magnétique et attire des personnes, des lieux, des situations, des opportunités, des idées, des connexions et des anges qui vous conduiront vers l'accomplissement de votre bien suprême.

## LA VIBRATION DU JOUR

*« Mon énergie est rayonnante et magnétique. »*

# À PROPOS DE L'AUTEUR

**Kyle Gray** a fait des rencontres spirituelles dès son plus jeune âge, notamment lorsque sa grand-mère lui a rendu visite depuis les royaumes spirituels alors qu'il avait seulement quatre ans. En grandissant, il a toujours su entendre, sentir et voir au-delà des sens naturels, ce qui l'a amené à découvrir le pouvoir et l'amour des anges.

Aujourd'hui, il est l'un des experts les plus recherchés dans son domaine. Avec sa singulière sensibilité, il parvient à présenter les anges et la spiritualité d'une manière accessible et adapte avec pertinence les anciennes connaissances spirituelles au monde actuel.

Kyle parcourt le monde et ses conférences au Royaume-Uni et en Europe sont réputées et courues. Il vit à Glasgow, en Écosse, et est l'auteur de huit livres et de six oracles.

raiseyourvibration.com

@kylegrayuk